juin 1627.

EDICT GENERAL
DV ROY, SVR LE
Reglement de la Iustice,
& Creation en heredité
de plusieurs Offices.

Verifié en Parlement le 28. iour de Iuin,
mil six cens vingt sept.

A PARIS.
Par A. ESTIENE, P. METTAYER,
&C. PREVOST, Imprimeurs
ordinaires du Roy.

M. DC. XXVII.
Auec Priuilege de sa Majesté.

LOVIS, par la Grace de Dieu, Roy de France & de Nauarre, A tous presens & à venir, Salut. Comme ainsi soit, que les Rois nos Predecesseurs ayent pour retrancher les abus & maluersations qui s'estoient glissées en l'administration de la Iustice, fait plusieurs bonnes & sainctes Loix & Ordonnances, Neantmoins la malice des hommes croissant auec la multiplicité des affaires, a donné sujet à plusieurs Notaires, Sergents & autres Ministres de Iustice, abusants de la facilité & ignorance de nos Sujets, d'vser de surprises, faussetez & antidates à leur grande ruine & prejudice : Pour à quoy remedier, DE L'ADVIS de nostre Conseil, auquel assistoient la Royne nostre tres-honorée Dame & Mere, nostre tres-cher & tresamé Frere vnique le Duc d'Orleans, plu-

A ij

sieurs Princes, Seigneurs & principaux
Officiers de nostre Couronne, Nous
avons par certuy nostre present Edict
perpetuel & irreuocable, dit, statué &
ordonné, disons, statuons & ordonnons ce qui ensuit:

I.

Premierement, que les anciennes
Ordonnances, Arrests & Reglements
sur l'ordre à tenir & obseruer par les
Notaires és Contracts & autres Actes
qu'ils receurôt & passeront, entre autres
pour l'approbation & authorisation des
additions, radiations & retranche-
ments, seront entierement gardez &
obseruez de poinct en poinct sur les peines portées par icelles.

II.

Et pour remedier aux inconuenients
qui arriuent aux parties par le defaut de
sçauoir lire & signer, Avons par ce
present Edict, à l'instar de ce qui se pratique en nostre Prouince de Bretagne,
creé & establly, creons & establissons en
titre d'Office formé, en chacune de nos
Villes, Bourgs & Paroisses de nostre
Royaume où il y a Notaires, deux Cer-

tificateurs Preud'hommes, en heredité,
de tous les Contracts & Actes excedans
cent liures, passez par ceux qui ne sçau-
ront lire, écrire ne signer : lesquels as-
sisteront auec les parties à la lecture desdits Contracts & actes excedans cent
liures, & y signeront : Designeront par
leurs actes de certification, les noms,
les conditions & demeures de ceux de
leur Paroisse, & qui leur seront cogneus.
Et pour ceux de dehors & qui leur seront incogneus, ils deliureront leurs
certifications sur les attestations de personnes de probité & à eux cogneues ; &
deliureront mesmes certifications à
ceux des Paroisses de leur residance, qui
auront à passer Actes & Contracts dehors ; lesquelles certifications demeu-
reront pardeuers les Notaires qui auront passé lesdits Contracts & Actes.
Tiendront lesdits Certificateurs sommaire & neantmoins fidele Registre &
Controlle de tous lesdits Actes, Contracts & Certifications où ils auront as-
sisté, pour y auoir recours, & en donner
acte quand besoin sera & requis en seront. Et afin de leur donner plus d'em-

A iij

ploy en faisant cesser la maniere inde-
cente qui s'est pratiquée iusques icy, de
confondre és Prosnes des Eglises, les
choses temporelles auec les spiri-
tuelles, Nous leur auons attribué
& attribuons le pouuoir de faire
toutes les mesmes publications qui se
font esdits Prosnes, quant aux choses
temporelles, de quelque qualité qu'elles soient, à la sortie des grandes Mes-
ses Parochiales, & en donner Acte : Et
outre assister ceux de nos Huissiers &
Sergents qui les requerront en leurs
executions & criées, recorder leurs exploits & actes, & iceux signer auec eux.
Pour tous lesquels actes, Nous leur
auons attribué & attribuons, asçauoir
deux sols Parisis pour chacune assistan-
ce, certification & enregistrement desdits actes; autant pour chacun acte qu'ils
en deliureront: Quatre sols Parisis pour
chacune des publications où il y aura
denombrement, & deux sols Parisis pour
chacune des publications sans denombrement & acte qu'ils en deliureront.
Et pour les assistances & recordations de
chacun des exploits & actes, les droits

mentionnez cy-apres. Et outre les auons
exemptez & exemptons de toutes charges publiques sans nulle excepter, sinon de nos Aydes , Tailles & Imposts
qu'ils payeront comme nos autres sub-
jets: Pour estre lesdits Offices vendus à
faculté de rachat perpetuel, & ioüir par
les pourueus desdits Offices dudit droict
d'heredité.

III.

ET durant que ces remedes seroient
inutiles , si par mesme moyen nous ne
pouruoyons aux antidates & substra-
ctions cy-deuant remarquées, qui se peuuent commettre aux registres & papiers
iournaux, par la supposition d'iceux, sub-
stractions & changements de fueillets
& autrement , AVONS par ce mesme
Edict creé & estably, creons & establissons en chacun Baillage , Seneschaus-
sée, Preuosté, Eslection & Iustice Roya-
le de cestuy nostre Royaume, païs, ter-
res & Seigneuries de nostre obeïssance,
vn Bureau où seront portez tous les registres, reliez en blanc, & de consistance
suffisante, destinez à enregistrer toutes
sortes d'actes generalement, & papiers

iournaux: Et en chacun de ces Bureaux
creé & erigé, creons & erigeons en titre d'Office formé, vn Greffier Controolleur hereditaire de tous regiftres,
liures de raifon, & papiers iournaux,
pour eftre par luy cottez & paraphez en
chacun fueillet, en arrefter le nõbre, en
faire l'infcription contenant le nombre
des fueillets, & à quoy ils font defti-
nez, le temps qu'ils auront à feruir, qui
ne fera que pour vne année au plus: &
les renouueller d'an en an, fans en
comprendre les regiftres des Greffiers
de nos Iurifdictions.

I V.

Qve tous ceux qui auront befoin
defdits regiftres, liures de raifon & papiers iournaux, feront obligez de les
mettre entre les mains dudit Greffier
Controolleur à l'effet que deffus, les re-
tirant s'en charger enuers luy fur le re-
giftre par luy tenu à cét effet: Exprimer
particulierement au receu d'iceluy le
nombre des fueillets cottez & paraphez dudit Greffier Controolleur, le fi-
gner du mefme feing duquel ils fe vou-
dront feruir en l'expedition des actes
qu'ils

qu'ils y insereront & regiſtreront : dé-
clarant tous autres nuls , & les actes &
autres choſes y employées, de nul effet,
ſans que l'on y puiſſe adiouſter aucune
foy : & ceux qui s'en ſeruiront, amenda-
bles à l'arbitrage des Iuges , ſans qu'ils les
puiſſent diſpenſer de ladite condamna-
tion d'amende.

V.

En fin de chacune année , & quinze
iours apres icelle expirée , tous ceux qui
auront pris leſdits regiſtres , ſeront tenus
de porter & repreſenter audit Greffier
Controolleur, tous les regiſtres & papiers iournaux de l'année precedente,
pour eſtre par luy veus, clos & paraphez
au fueillet où ſe terminera l'enregiſtre-
ment des actes , afin qu'il n'y en puiſſe
eſtre adiouſté ny retranché aucun; l'acte
qui ſera eſcrit & ſigné de luy, contenant
ledit regiſtre luy auoir eſté exhibé vn tel
iour par celuy auquel il aura ſeruy ; le
nombre des fueillets eſcrits ; le nombre
des actes ou articles qu'il contiendra ; &
ſera ledit regiſtre clos d'vne ligne à l'en-
tour & deſſous tous leſdits actes & articles, afin qu'il n'y puiſſe eſtre rié adiouſté.

VI.

Et dautant que comme ceste charge
peut produire vn grand bien, elle est auf-
si grandement penible & laborieuse,
Nous leur auons attribué & attribuons,
asçauoir vn denier pour paraphe de chacun fueillet, huict sols pour chacun acte
de destination au commencement desdits registres, & autant pour chacun acte
de closture à la fin, sans qu'ils en puissent
prendre ny exiger dauantage à peine de
concussion, Pour estre lesdits Offices vendus hereditairement à ladite faculté de rachat, ainsi qu'il est accou-
stumé.

VII.

Et pour contenir les Huissiers & Sergens en l'exacte obseruation de nos Ordonnances, & empescher qu'ils ne con-
sõmét en frais inutiles les parties qui les
employent, Nous leur enioignons de se
nommer, & faire mention de leurs demeures, en leurs exploits: leur defendons
de prendre ny faire signer à l'aduenir autres Records, en leurs exploits de saisies
reelles, establissemens de Commissaires,
procez verbaux de criées, executions de

meubles , commandemens , offres , &
autres actes de pareille conſequêce , que
les ſuſdits Certificateurs preud'hommes
creez par le preſent Edict : Auſquels
nous attribuons auſſi ce pouuoir, comme
dit eſt, l'interdiſant à tous autres , à peine de faux & de nullité des exploits &
autres actes , de cinq cens liures d'amende,& de tous les deſpens dõmages & in-
tereſts des parties , ſi ce n'eſt aux exploits
de peu de conſequence : Et lors qu'ils
iront exploiter à la campagne , leur defendons d'en mener aucun auec eux,
mais de prendre ceux des lieux où ils ex-
ploiteront : Et toutefois pource qu'ayant
ſouuent à exploiter contre aucuns Seigneurs & Gentils-hommes de difficile
conuention, les Certificateurs des lieux
craindroiét de les offenſer, & de les auoir
pour ennemis , s'ils aſſiſtoient noſdits
Huiſſiers & Sergens, & en ceſte crainte
ne les refuſeroient pas ſeulement, mais
en donneroient aduis auſdits Seigneurs
& Gentils-hommes, ce qui rendroit les
executions impoſſibles , au peril deſdits
Huiſſiers & Sergens , & à la ruine de nos
ſubiects: En ce cas , & non autrement,

B ij

Nous auons permis & permettons à nofdits Huiffiers & Sergens, apres la plainte
qu'ils auront faite à nos Iuges des refi-
ftances ou empefchemens à eux donnez,
de s'affifter & fortifier des Certificateurs
voifins de trois ou quatre lieuës de di-
ftance au plus, & de tel nōbre de perfonnes qu'ils verront bon eftre : Enioignant
tres-expreffément à nofdits Certificateurs, Preuofts de nos tres-chers & tres-
Amez Coufins les Marefchaux de France ou leurs Lieutenans, de leur donner main forte & affiftance, à peine
de priuation de leurs charges, & de
refpondre en leurs propres & priuez
noms des dommages & interefts des parties : Prenant à cefte fin lefdits Certificateurs preud'hommes, enfemble lefdits
Huiffiers, Sergens, & tous autres en noftre protection & fauuegarde fpeciale.
Defendant à toutes perfonnes de quelque qualité & condition qu'elles foient,
de leur méfaire ny médire, à peine d'en-
courir noftre indignation; mais de fouf-
frir paifiblement, & auec le refpect deu
à noftre authorité, les executions faites
en noftre nom. Aufquels Certificateurs

nous attribuons pour chacun exploit &
autres actes, aufquels ils feruiront deRe-
cords fur les lieux, deux fols Parifis ; &
pour ceux où ils feront obligez d'aller
dehors, pour les caufes contenuës cy deffus, quatre fols Parifis pour chacune
lieuë.

VIII.

Et pour empefcher les fauffetez, fup-
pofitions, antidates, & autres abus qui
fe commettent par lefdits Huiffiers
& Sergens, Nous enjoignons aux parties, à la requefte defquelles les Sergens
auront exploité, de faire regiftrer fom-
mairement par les Gardes des petits
Seaux, les exploits de faifies & autres
actes pour fommes excedants cent liures.
Iceux exploits faire feeller fuiuant nos
Edicts, fans que lefdites parties s'en puiffent feruir qu'ils n'ayent efté regiftrez &
feellez, à peine de nullité.

IX.

Enjoignons pareillement à tous Greffiers & Notaires, de faire feeller par lefdits Gardes des petits Seaux les Sentences, Iugemens, Actes & Contracts qu'ils
expedieront, à peine d'eftre refponfables

en leurs propres & priués noms, des dommages & interests des parties, & de cent liures d'amende enuers nous. Et pour remedier à l'inconuenient qui pourroit arriuer de la perte des Contracts seellez, qui apporteroit ruine aux parties qui les auroient adhirez, dautant qu'ils se trouueroient priuez de leurs hypotheques, & leurs Contracts inualides & sans execution; Nous voulons, ordonnons & enioignõs ausdits Gardes des petits Seaux, de tenir registre sommaire des noms des parties, de la substãce & date desdits Cõtracts, pour y auoir recours en cas de perte desdits Contracts seellez, & en faire seeller d'autres grosses sur la foy dudit registre. Et pour l'emolument tant du seel que dudit enregistrement sommaire, Nous leur auons attribué & attribuõs par le present Edict, quatre sols Parisis pour chacune des Sentences, Iugemens, Contracts, & autres actes excedans cent liures, & deux sols Parisis pour chacun de ceux qui seront au dessous de ladite somme de cent liures.

X.

Et dautant qu'en consequence des

commandemens& executions faites par
nosdits Huissiers & Sergens, plusieurs
pour éuiter la vente de leurs biens ou
l'emprisonnement de leurs personnes,
& les interests protestez, consignent les
sommes qui leur sont demandées entre
les mains d'iceux Huissiers & Sergents,
lesquels par diuers artifices les retien-
nent souuent si longuement, qu'eux ou
les parties interessées venants à mourir,
les heritiers ne les peuuent retirer : Et
pour y remedier, Voulons & nous plaist,
qu'en cas d'opposition, ou autre empes-
chement qui ne soit terminé dás le mois,
à compter du iour de la consignation,
nos Huissiers & Sergents entre les mains
desquels elles auront esté faittes, ayent à
les mettre en celles desdits Gardes des
petits Seaux, lesquels leur en donneront
décharge, & s'en chargeront sur leurs
regiftres au marge de l'enregistrement
de l'acte fait par lesdits Huissiers sur ladite consignation, les gardans & conser-
uans iusques à ce qu'il en ait esté ordonné : leur attribuant trois deniers pour liure du droict de recepte; lequel droict sera pris & deduit sur la somme consignée,

aux defpens de qui il appartiendra.

XI.

Et pour le regard des fommes confi-
gnées és mains defdits Huiffiers & Sergés
auparauant la verification des prefentes,
Voulons & nous plaift femblablement,
que dans huictaine du iour de ladite verification ou publication d'icelles és Sieges de nofdites Iurifdictions, iceux Huiffiers & Sergens qui les auront receuës, les
portent & mettent és mains defdits Gardes des petits Seaux comme deffus, &
qu'à faute de ce, ledit temps paffé, ils y
foient contraints : & pareillement pour
les autres confignations qui leur feront
faites à l'aduenir par les voyes accouftu-
mées en nos propres affaires, attribuant
mefme droict de trois deniers pour liure
aufdits Gardes des petits Seaux.

XII.

L'obferuatiõ des Reglemens, Ordonnances & Couftumes fur le faict des
faifies & criées d'heritages, lefquelles en-
ioignent aux Huiffiers & Sergens qui les
font, d'en faire la lecture à haute & intelligible voix à l'iffuë des grandes Meffes
Parochiales, eftant negligée ; les affiches
mefmes

mesmes arrachées par personnes interposées aussi tost qu'elles sont mises, & ordinairement la pluspart si mal escrites, qu'elles ne se peuuent lire souuent à dessein & par artifice, pour en cacher & oster la cognoissance aux opposans & autres interessez: Pour y remedier, en reïterant lesdits Reglemens & Ordonnances, & y adioustant, Nous enioignons tres-expressément à nosdits Huissiers & Sergens, qu'à l'aduenir procedant ausdites saisies & criées, ils ayent à y appeller les susdits Certificateurs preud'hommes, & en leur presence faire la lecture à haute & intelligible voix de leurs exploits & publications des affiches, contenant le particulier des choses saisies, à la requeste de qui, & pour quelles sommes; prendre pour tesmoins les Paroissiens sortans de la grande Messe, au nombre porté par nosdits Reglemens, Ordonnances & Coustumes; en faire mention en leurs procez verbaux, ensemble de leurs qualitez & demeures; le tout à peine de suspension de leurs charges, despens, dommages & interests des parties, faire escri-

re les affiches, tant defdites criées que de
toutes autres, en lettre bien formée, af-
fez grofle, & fans abbreuiation extraor-
dinaire, & les appofer en lieux conuena-
bles pour eftre leües de tous ceux qui le
voudrõt. Defendans à qui que ce foit de
les defchirer, arracher, ny couurir, à
peine de cent liures d'amende pour la
premiere fois, & de plus grande pour la
feconde, applicable moitié à nous, &
l'autre au denonciateur.

XIII.

Et pour reftablir vn ordre exaĉt à la
reception des facs & produĉtions, &
que comme plufieurs pieces importent
fouuent à la conferuation entiere des familles, elles foient auffi plus foigneufe-
ment conferuées qu'elles n'ont efté iuf-
ques à prefent, par ce qu'il n'y a eu aucun pourueu en tiltre, Pour cét effet,
Novs avons par ce mefme noftre
Ediĉt, creé & erigé, creons & erigeons
en tiltre d'Office formé & hereditaire,
vn Greffier garde facs, en chacune de
nos Iurifdiĉtions & Cours fouueraines,
pour receuoir tous les facs qui luy feront
mis entre les mains, les verifier exaĉte-

ment, & en faire mention sur vn registre
qui l'en rendra responsable, ne les deli-
urer à ceux de nos Iuges ausquels ils seront distribuez qu'auec le mesme ordre,
en faire mesme mention, le procez iugé,
ou le Cõseiller rapporteur decedé, auoir
le soin de les retirer vn mois apres d'être
les mains de leurs vefues, heritiers ou
Clercs, les faire redistribuer par le mesme ordre, s'il est necessaire; & s'ils en
sont requis, les instances terminées és
Cours souueraines, les rendre aux Procureurs des parties, les faisant signer
sur son registre.

XIV.

Et pour ce qui est des Presidiaux &
Iustices inferieures, Voulons le mesme
ordre estre gardé & obserué, les Iuges
tenus lors du rapport de les remettre
ausdits Greffiers, s'en faisant décharger
pour iceux estre rendus aux Procureurs
des parties s'il n'y a appel, le temps de
releuer expiré : & en cas d'appel, estre
renuoyé aussi tost au Greffe de la Iurisdi
ction où les parties le releueront auec
vn fidele inuentaire, cõme il est dit cy
dessus.

C ij

XV.

Ioüyront lefdits Greffiers Garde-facs defdits Offices, aux fonctions & pouuoirs fufdits, & aux droits, fçauoir ceux des Cours fouueraines de quatre fols parifis pour chaque fac produit, autât pour le rēdre, parcille fomme de ceux qui feront retirez des mains des vefues & heritiers des rapporteurs decedez, quatre fols parifis pour chacune production, autant pour chacune diſtribution: Et ceux des Iuftices inferieures de deux fols parifis pour chaque fac produit, autât pour le rēdre, pareille fomme de ceux qui feront retirez des vefues & heritiers des Rapporteurs decedez, deux fols parifis pour chacune production, & autant pour chacune diftribution. Tous lefquels droicts nous leur auons attribué & attribuons fans qu'ils en puiffent prendre ny exiger dauantage fous quelque pretexte que ce foit, à peine de concuffion & de priuation de leurs Offices. Et feront lefdits Offices vendus à faculté de rachapt perpetuel en la maniere accouftumée, pour en ioüyr par les pourueus & acquereurs comme il eſt dit cy-deffus.

XVI.

Et dautant qu'il arriue beaucoup d'inconueniés des suppofitions & changements qui fe font aux productions apres les procez iugez, lefquelles on augmente ou diminuë de beaucoup de ce qui auoit efté produit pardeuant les Iuges, & ce par l'artifice foit des Procureurs, foit des parties, pour augmenter par ce moyen les taxes de defpens, ou changer quelque chofe aufdites productions, au preiudice des parties, Novs vovlons & ordonnons que dorefnauant auant que les facs & productions des parties foient portées aufdits Greffiers Garde-facs, afin qu'elles ne puiffent eftre changées ny alterées, Voulons que les inuentaires & efcritures foient controollées & paraphées en tous les fueillets par les Controolleurs des productions, Que nous auons pour cét effet par ce mefme noftre prefent Edict creé, erigé & eftably, creons, erigeons & eftabliffons en tiltre d'Office formé en heredité, aufquels pour emolument nous auons attribué & attribuons les deux fols pour liure des falaires de ce

qui eſt taxé aux Procureurs pour leſdits
inuentaires & droict de reuiſiõ des Eſcri-
tures : Et ſeront auſſi leſdits Offices de
Controolleurs vendus à faculté de rachat perpetuel en la maniere accouſtu-
mée, pour en ioüyr par les pourueus &
acquereurs comme il eſt cy-deſſus dit.

XVII.

Et pour pouruoir à la conſeruation
des Sentences arbitrales, & autres actes
de conſequence, qui iuſques icy ont eſté
en diuerſes mains ſans ordre ny ſeureté
pour les intereſſez, dautant qu'elles ſont
retenuës par perſonnes priuées & inco-
gnuës non chargées d'icelles, AVONS
attribué & attribuons le tiltre, qualité
& pouuoir de Greffier des arbitres auſdits Greffiers Garde-ſacs, pour expedier
à l'aduenir les Sentences & autres actes
rendus par les Iuges arbitres, en garder
& conſeruer ſoigneuſement les minutes,
& rendre les ſacs aux parties, apres les
inſtances terminées, pour eſtre en ce
faiſant leſdites charges de Greffier des
Sentences arbitrales, venduës, tenuës &
exercées hereditairement, & par meſ-
mes perſonnes auec celles deſdits Gref-

fiers Garde-facs, aux droicts ainfi qu'il fe pratique en tous nos autres Greffes, fui- uant nos Reglemens, & ceux de nofdi- tes Cours & Iurifdictions, fans qu'ils en puiffent prendre ny exiger dauantage, à peine de concuffion.

XVIII.

Et fur les aduis qui nous ont efté don- nez, que nos droicts, foit Seigneuriaux, foit de lots & ventes, & auffi des Sei- gneurs particuliers Ecclefiaftiques & Seculiers, font ordinairement recelez, faute de fçauoir & pouuoir découurir les contracts de ventes qui fe font , & pour lefquels lefdits droits font deubs, comme auffi les retrayans, foit feodaux, foit lignagers , font priuez de pouuoir vfer de leur droict de retrait , faute de pouuoir découurir dans les temps pref- crits par nos Ordonnances & les Cou- ftumes , les Contracts de vente qui fe font faits fubiets aufdits droicts; Et que pour remedier à ces inconueniens , le Roy Henry III. d'heureufe memoire, par fon Edict & Declaration de l'an 1581. verifiez en noftre Cour de Parlement de Paris, auroit eftably en tiltre d'Office

des Greffiers des notifications defdits
Contracts fubiets aufdits droicts Seigneuriaux, lots & ventes, & de retraict
tant feodal que lignager, Nous auons
renouuelé & confirmé ledit Edict &
Declaration de l'an 1581. & entant que
befoin feroit, creé & erigé, creons & erigeons de nouueau en tiltre d'Office formé lefdits Greffiers des notifications
fuiuant & conformément audit Edict cy
attaché foubs le contrefeel de noftre
Chancellerie, auec les droits & émolu-
mens à eux attribuez par iceluy, pour
eftre lefdits Offices vendus hereditairement en la maniere accouftumée.

XIX.

Et dautant que de la conferuation ou
perte des comptes dépend la feureté &
repos des familles, VOVLONS & ordonnons que dorefnauant la minute de
tous les comptes de tutelle, curatelle,
affociations & executions teftamentai-
res, & heritiers beneficiaires, apres
qu'ils auront efté examinez par nos Iuges & Commiffaires, foient portez aux
Greffes ordinaires de leurs Iurifdictiõs,
pour eftre lefdites minutes conferuées
par

par les Greffiers defdites Iurifdictions,
& coppie defdits comptes, articles &
cloftures d'iceux par eux deliurez aux
parties qui les requerront; auec pareils
falaires qu'ils prennent pour les autres
expeditions, en payant par lefdits Greffiers pour ladite attribution, les taxes
qui en feront faites en noftre Confeil.

XX.

E T dautant que, nous auons efté ad-
uertis des defordres qu'il y a dans nos
Prefidiaux, Bailliages & autres Iuftices
Royales & fubalternes aux appellations
des caufes, en ce que contre & au preiudice des Reglemens fur ce faits, Par lefquels il eft ordonné que les caufes feront appellées à tour de roolle, afin que
la Iuftice foit par ce moyen renduë éga-
lement & fans confufion, elles font
bien fouuent aduancées ou retardées,
foit par la volonté des Iuges qui prefi-
dent aux Audiences, ou par la fubtilité
& artifice des Procureurs; Enquoy les
parties plaidantes ont vn notable inte-
reft, & reçoiuent vn grand preiudice:
Pour à quoy remedier, NOVS VOVLONS
& nous plaift, que dorénauant, fui-

D

uant & conformement aux quarante
deux & quarante troisiéme articles de
l'Arrest de nostre Cour de Parlement
de Paris, du quatorziéme Aoust 1617.
Portant reglement pour les Iuges Officiers, Praticiens & Ministres de Iustice des Sieges ordinaires & Presidiaux,
cy attachez sous le contreseel de nostre
Chancellerie , toutes les causes qui
se plaideront en tous nos Presidiaux,
Bailliages & autres Iustices Royales &
subalternes de cestuy nostre Royaume,
soient enregistrées & appellées à tour
de rolle: Auec defenses à nos Iuges Presidiaux, Lieutenans generaux, particuliers & autres nos Iuges, d'interrompre
l'ordre d'iceluy , ny faire appeller les
causes par placets, sinon au nombre de
cinq ou six , pour le regard desdits Presidiaux seulement, en chacune audience & sur la fin d'icelle , lesquels placets
seront signez de ceux qui president chacun à leur égard, & apres signifiez aux
parties le iour precedent que leurs causes soient appellées, à peine de nullité des Iugements & Sentences qui se
rendront au preiudice du present regle-

ment. Et pour cét effet rolles seront
faits de huitaine en huittaine , clos à
chacun iour de Vendredy , & publiez
à l'issuë de l'audience dudit iour: Et de-
fense aux Procureurs de ne mettre aucune cause esdits rolles qui ne soit con-
testée & preste à plaider : & à ceux qui
feront lesdits rolles apres la closture d'i-
ceux, d'y adiouster aucune cause à peine d'amende ; & seront les causes qui
resteront à appeller dudit rolle, appellées les premieres au premier iour, &
les rolles encommencez, paracheuez
auant qu'en commencer vn autre. Pour
cét effet & afin que cét ordre soit e-
xactement gardé & obserué à l'aduenir, Nous avons par cettuy nostredit
Edict, creé, estably & erigé, creons, establissons & erigeons en titre d'Office
formé en heredité, vn Clerc de l'audience en chacun de nosdits Sieges
Presidiaux, Bailliages & autres nos Sieges & Iustices Royales & Subalternes,
pour enregistrer toutes les causes, &
les faire appeller à tour de rolle : auquel pour toutes peines, droicts, salai-
res & vacations, Nous auons attribué

D ij

& accordé , attribuons & accordons deux fols tournois pour l'enregiftrement , & vn fol tournois pour l'appel de chacune caufe , auec les mefmes priuileges, prerogatiues, franchifes & libertez que les Greffiers defdits Sieges & Iuftices : Pour eftre lefdits Offices vendus hereditairement en la maniere accouftumée. N'entendons toutefois comprendre au prefent Edict, le Chaftelet de noftre ville de Paris, en ce qui eft de l'appel defdittes caufes feulement , que pour certaines confiderations nous auons attribué aux Huiffiers audienciers d'iceluy : Voulans & entendans au furplus, qu'il y forte fon plein & entier effet ; & que lefdites caufes y foient enregiftrées en la forme cy-deffus , pour eftre appellées fuiuant l'ordre du rolle par lefdits Huiffiers audienciers: Aufquels & aufdits Clercs d'audience , nous defendons tres-expreffement de contreuenir au prefent reglement, à peine de fufpenfion de leurs charges , & de tous dépens dommages & interefts des parties.

Sɪ ᴅᴏɴɴᴏɴꜱ ᴇɴ ᴍᴀɴᴅᴇᴍᴇɴᴛ à nos
amez & feaux Conſeillers les gens te-
nans nos Cours de Parlemens, Cours de
nos Aydes, Baillifs, Seneſchaux, Pre-
uoſts, Iuges & leurs Lieutenans, & à
tous autres nos Officiers qu'il appartiendra, Qu'ils verifient, facent regiſtrer &
publier ces preſentes, garder, obſeruer
& entretenir inuiolablement le contenu
de poinct en poinct, ſelon leur forme &
teneur, & faire ceſſer tous troubles &
empeſchemens, nonobſtant oppoſitions
ou appellations quelconques, & tous
Edicts, Ordonnances & Reglemens à
ce contraires : pour tous leſquels, &
ſans preiudice d'iceux ne voulons eſtre
differé, y dérogeant pour ce regard. Et
dautant que de ces preſentes l'on pour-
ra auoir affaire en pluſieurs & diuers
lieux, Nous voulons qu'aux coppies
d'icelles deuëment collationnées par
l'vn de nosamez & feaux Conſeillers &
Secretaires, foy ſoit adiouſtée comme au
preſent Original. Cᴀʀ tel eſt noſtre
plaiſir. Et afin que ce ſoit choſe ferme &
ſtable à touiours, Nous auons fait mettre noſtre ſeel à ceſdites preſentes, ſauf

en autres choses nostre droict, & l'autruy
en toutes. DONNE' à Paris, au mois
de Iuin, l'an de grace mil six cens vingt-
sept, & de nostre regne le dix-huictiéme,
Signé LOVIS, & plus bas, par le Roy,
DE LOMENIE, & à costé, VISA, & seellé
du grand seau de cire verte, sur lacs de
soye rouge & verte. Et plus bas est
escrit.

*Leu, publié & registré, ouy & ce
requerant le Procureur general du Roy,
à Paris en Parlement le Roy y seant, le
vingt-huictiéme iour de Iuin mil six cens
vingt sept.*
Signé,　　　　　DV TILLET.

*Collationné à l'Original par moy Conseiller
& Secretaire du Roy.*